Chiquito

Julieta Marques

VINHA
DE LUZ
ERVIÇO EDITORIA

Belo Horizonte
2012

EDIÇÃO: Vinha de Luz - Serviço Editorial
Departamento Editorial da Casa de Chico Xavier
Av. Álvares Cabral, 1777 | 20º andar | Sala 2006
Santo Agostinho | 30170-001 | Belo Horizonte | MG
(31) 2531-3200 | 2531-3300 | 3517-1573
www.vinhadeluz.com.br | informacoes@vinhadeluz.com.br | www.casadechicoxavier.com.br

COORDENAÇÃO EDITORIAL | REVISÃO TÉCNICA
Célia Maria de Oliveira Soares | Geraldo Lemos Neto
CAPA | ILUSTRAÇÕES | PROJETO GRÁFICO | DIAGRAMAÇÃO
Luiz Augusto da Costa
DIGITAÇÃO
Célia Maria de Oliveira Soares

1ª edição - abril 2009 | 2.000 exemplares
2ª edição - setembro 2012 | 2.000 exemplares

**Dados Internacionais de Catalogação na Publicação (CIP)
(Câmara Brasileira do Livro, SP, Brasil)**

Marques, Julieta
    Chiquito / Julieta Marques ; [ilustrações de
Luiz Augusto da Costa] . -- 2. ed. --
Belo Horizonte : Vinha de Luz, 2012.

    1. Espiritismo - Literatura infanto-juvenil
2. Literatura infanto-juvenil 3. Médiuns - Biografia -
Literatura infanto-juvenil 4. Xavier, Francisco
Cândido, 1910-2002 I. Costa, Luiz Augusto da.
II. Título.

12-10654   CDD-028.5

        Índices para catálogo sistemático:

1. Médiuns : Biografia : Espiritismo :
        Literatura infanto-juvenil   028.5

Dedicatória

Dedico, em nome de minhas netas
Adriana e Catarina Xavier, este livro feito
com muito amor às crianças *de todas as
idades*, com a minha gratidão aos amigos
espirituais que me inspiraram na
tradução em palavras do que me
ia no coração sobre
FRANCISCO CÂNDIDO XAVIER.
Que ele possa resultar em pleno exemplo
de vida para todos aqueles que tiverem
acesso a este simples e modesto trabalho.

Julieta Marques

Apresentação

Caro leitor,

A estimada amiga Julieta Marques é devotada trabalhadora espírita-cristã da cidade de Lagos, no Algarves, em Portugal. Amiga de Chico Xavier e conhecedora de seus exemplos de amor e caridade, resolveu brindar-nos com uma obra biográfica do querido medianeiro de Jesus, destinada ao reconhecimento justo das mentes infanto-juvenis que se aproximam da Doutrina dos Espíritos.

Este é um livro que a Vinha de Luz Editora da Casa de Chico Xavier de Pedro Leopoldo tem a satisfação de apresentar a você, ilustrado pela competência de nosso caro Luiz Augusto da Costa, que desenhou os episódios da vida de Chico Xavier para nossa alegria.

Bom proveito nesta obra simples, mas cheia de amor, é o que lhe desejamos!

Fraternalmente,

Geraldo Lemos Neto

Editor

"Bem-aventurados, porém, os vossos olhos, porque veem, e os vossos ouvidos, porque ouvem. Pois em verdade vos digo que muitos profetas e justos desejaram ver o que vedes, e não viram, e ouvir o que ouvis, e não ouviram" (Mateus, 13: 16).

Jesus

C hiquito...

Chiquito era um menino igual aos outros meninos. Bem, igual igual ele não era. Era um pouquinho diferente.

Um dia sua mãe partiu para o País do Arco-
-Íris, aquele país de onde vêm os anjos feito gente e
que demoram junto a nós por algum tempo. Pois é:
a mãe de Chiquito foi para lá e o menino ficou aqui.

$\mathcal{M}$as - coisa engraçada - cada vez que ele tinha um probleminha, e que o fazia sofrer, orava do fundo do seu coração pedindo à sua mãe que o aju-dasse de lá, de onde estivesse!

Chiquito

E não é que ela vinha num raio de luz? Um raio de luz que era o seu coração! Chiquito, quando a via assim, tão linda, esquecia seus problemas, suas dorzinhas, e deixando-se por ela abraçar adormecia ouvindo sua doce voz a dizer-lhe:

— Chico, meu querido menino, tenha paciência e aprenda a saber sofrer com coragem. Você é forte! Eu e Jesus estamos com você!

Naquele abra-
ço e naquele beijo de
muito amor e muita luz
ela voltava para o seu
mundo e Chiquito fica-
va cheio de força e com
muita vontade de ven-
cer. Prometia a si mes-
mo que venceria todos
os combates, todas as
lutas, conquistaria todos
os amigos diferentes que
aparecessem em seu ca-
minho, transformando-os
para o bem.

Chiquito foi crescendo. Durante 7 anos ele não teve qualquer contato com sua mãe, sendo visitado, então, por espíritos que ele não conhecia, mas que o orientavam a ser um bom menino, a amar a Deus e a servir com Jesus.

O tempo passou depressa, mostrando a Chiquito que ele tinha uma missão muito especial. Como ele era uma pessoa boa, humilde e desinteressada, as pessoas começaram a procurar por ele para pedir ajuda e o conforto de uma palavra amiga. Foi então que Chiquito começou a escrever mensagens que os espíritos do País do Arco-Íris lhe ditavam, além de versos e quadras de poetas conhecidos.

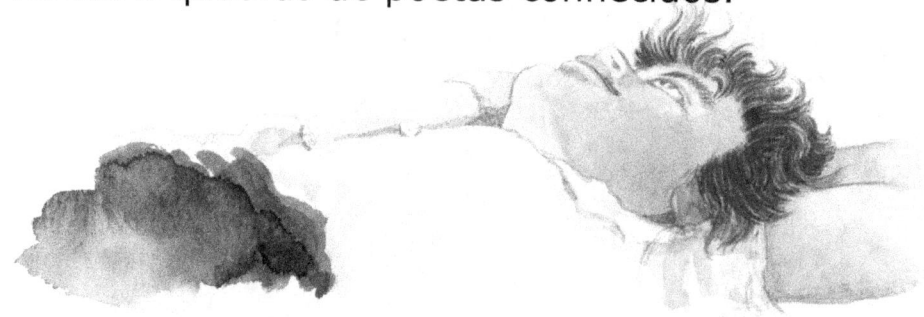

Julieta Marques

Quando Chiquito estava com 21 anos, um espírito amigo, vindo também do distante País do Arco-Íris, apareceu a ele e disse:

- Chico, é preciso que escreva alguns livros.

Ao que Chico respondeu, surpreendido:

- Mas eu não sei escrever livros! Só sei fazer contas e anotar informações sobre o meu trabalho!

O amigo espiritual continuou:

- Não se preocupe, pois apenas terá que continuar segurando o lápis, ser um homem bom e disciplinado. O resto, outros farão. Os livros que você vai escrever vão levar muita luz, muita paz e muita ajuda a quem os ler!

Julieta Marques

Chico se animou e exclamou, radiante:

- Puxa, então eu quero mesmo escrever! Escrever muitas coisas bonitas, porque eu quero é ver as pessoas sorrirem e saberem que temos muitos amigos invisíveis!

O amigo espiritual concordou com o rapaz, completando:

- Isso é importante, Chico! O mundo precisa saber que já existimos aqui na Terra e que agora vivemos onde estou, no mundo espiritual, ou mundo dos espíritos!

Julieta Marques

É preciso que todos entendam e conheçam o mundo de onde partiram um dia para renascerem na Terra. As pessoas se esqueceram disso!

Chiquito

— É precisam se lembrar para praticarem o bem, saberem amar e perdoar! Precisam saber que nascer na Terra é um presente precioso de Deus, nosso Pai!

Julieta Marques

– *P*ara quê, senhor? - Chico insistia nas perguntas, que o amigo do mundo espiritual respondia pacientemente:

- Ora, Chico, para nos tornarmos melhores, tão bons como os anjos!

- Com asas e tudo? - Chico se admirava, humilde.

- Bom, asas são enfeites desnecessários, mas se eles as tiverem que uma se chame *sabedoria* e a outra *amor*!!!

$\mathcal{C}$hico sorriu e disse:

- Que bonito é isso! Mas há tanto tempo o senhor me visita, sabe meu nome, e eu nem sei como o senhor se chama... Posso saber agora?

- Claro que pode! Eu me chamo Emmanuel. Um dia você vai saber muitas coisas sobre mim!

Julieta Marques

Chico perguntava:

- Coisas bonitas, senhor Emmanuel?

E Emmanuel respondia:

- Umas sim, outras nem tanto... Aguarde para quando emprestar o seu braço e a sua mão para que eu possa contar a você, e ao mundo, quem fui ontem, quem sou hoje e ainda quem serei amanhã. Não disse Jesus *"Vós sois deuses"*? Mas isso ainda vai demorar muito para acontecer! Milênios à frente!

$\mathcal{C}$hico tornou-se um jovem consciente de seu destino - o de servir à humanidade escrevendo, escrevendo -, e de que desses escritos surgiria muita luz para iluminar quem andava perdido. Escreveu livros que seriam o remédio para aliviar muitas dores. Livros que seriam a bússola para as pessoas que precisavam encontrar o *Caminho,* a *Verdade* e a *Vida*.

Chiquito

odo mundo ficou curioso para conhecer o menino que havia sido visitado por sua mãe desencarnada, o jovem que via um espírito chamado Emmanuel e que via também outros habitantes do País do Arco-Íris. Era gente de toda parte. Até do estrangeiro!

Julieta Marques

Chiquito

Essa gente boa e amiga decidiu organizar-
-se num grupo que pudes-
se ajudar o Chico a ajudar
mais e mais gente.

Julieta Marques

é na cidadezinha de Pedro Leopoldo, em Minas Gerais, que tudo acontece. Terra pequenina, mas que conhecia bem o jovem Chico, jovem que trazia muito amor em seu coração, que merecia a honra de ser visitado e de ter a companhia de amigos invisíveis do País do Arco-Íris - entre eles os poetas que já não mais estavam na Terra e que viviam lá no mundo espiritual que Chico não sabia ainda muito bem como era.

Você sabia que pelo seu esforço, pelo seu trabalho de escrever alguns livros, Chico ficou muito conhecido?

Ele deveria escrever só uns trinta, mas não foi não!

Ele escreveu 466 livros![1]

---

[1] Dado de 2012, considerando a presente edição.

Julieta Marques

unca ninguém escreveu tanto! Mas nada do que foi realizado foi dele porque ele apenas emprestou o seu braço, a sua mão e o seu tempo livre para a tarefa de escrever. Por isso nunca aceitou receber dinheiro pelo trabalho.

$\mathcal{C}$hico escreveu até o fim de sua vida na Terra. Não só escreveu livros como também milhares de mensagens. Mensagens para os pais que sofriam porque seus filhos haviam partido e eles não sabiam para onde nem se estavam bem, ou o que é que se passava com eles...

$\mathcal{M}$ensagens que ajudavam as pessoas a perceberem que todos nós um dia vamos fazer uma viagem e que é importante saber que "país" é esse no qual vamos "desembarcar".

F oram muitas as maravilhas que aconteceram com Chico, mas as pessoas não perceberam que ele foi uma estrela que se vestiu de homem para falar a linguagem dos homens e viver entre eles.

Um homem diferente porque era mesmo uma estrela e só uma estrela pode trazer a luz com ela e deixar que as outras se manifestem, sem deixar de ser ela mesma.

Se você chegou até o fim deste livro, procure saber um pouco mais sobre **FRANCISCO CÂNDIDO XAVIER**, um homem que iluminou o mundo de muita gente que andava na escuridão e que continua iluminando lá do País do Arco-Íris, para onde voltou. Afinal, foi de lá que ele veio, em nome de Jesus, para todos os que choram e sofrem.

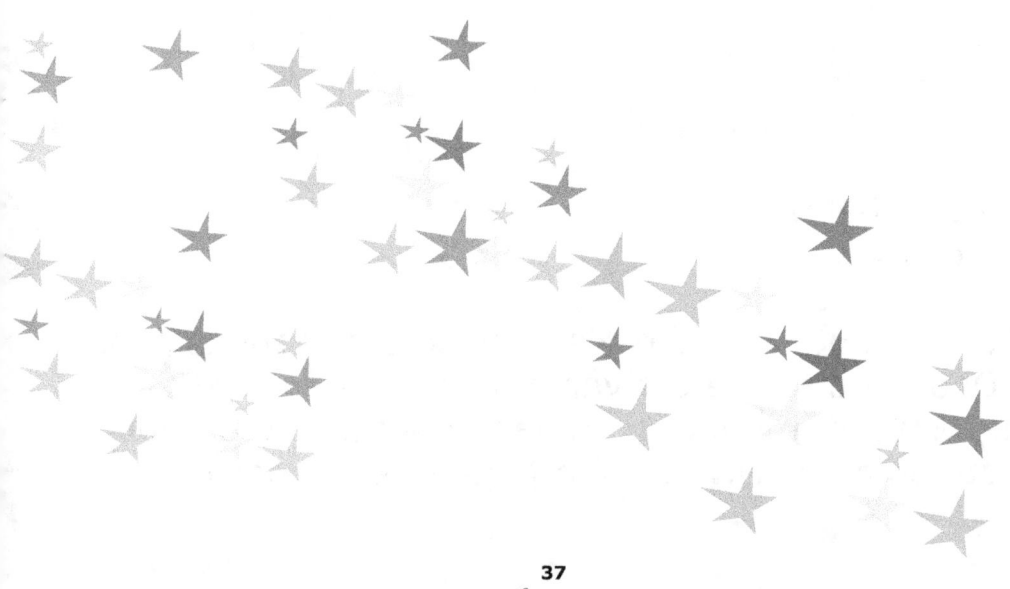

Você quer ser como ele?

Ame e trabalhe.
Ame e sirva.
Ame e se doe.
Ame e perdoe, pois um dia você será a manifestação de Deus onde você estiver e será também um anjo, uma estrela brilhando! Brilhando sempre e sempre, refletindo a Luz Divina, que jamais se apagará!

Julieta Marques

Fim

SEMENTEIRA DE LUZ

Voltando à Terra no século XIX, Neio Lúcio encarna a personalidade de Arthur Joviano, cujo núcleo familiar, em missão redentora de um passado longínquo, conta com as presenças de personagens descritos nos romances *50 anos depois* e *Renúncia*. Desprendido em 1934, Neio Lúcio inicia sua comunicação com a família, através da mediunidade de Chico Xavier, em reuniões semanais de culto evangélico na casa de Rômulo Joviano, em Pedro Leopoldo | MG. As mensagens, repletas de sabedoria e amor extremado por todos aqueles com os quais conviveu, são bem a confirmação dos compromissos reparadores que assumimos na Espiritualidade, alicerçados nos ensinamentos de Jesus para nos tornarmos legítimos semeadores da Boa Nova.

PELO ESPÍRITO NEIO LÚCIO
PSICOGRAFIA DE FRANCISCO CÂNDIDO XAVIER
ORGANIZAÇÃO DE WANDA AMORIM JOVIANO

DEUS CONOSCO

DEUS CONOSCO é o livro que dá sequência às revelações espirituais inéditas da psicografia de Francisco Cândido Xavier, trazidas a lume pela prestimosa organização de Wanda Amorim Joviano, com a colaboração de Geraldo Lemos Neto. As mensagens, recebidas em sua maioria no culto doméstico do Evangelho no lar da família Joviano, nas décadas de 30 a 50, na Fazenda Modelo, em Pedro Leopoldo | MG, são de autoria de Emmanuel, o espírito responsável pela materialização da extensa bibliografia que tanto esclarecimento e consolação verteram da Vida Maior para a face da Terra, através das abnegadas mãos de Chico Xavier. DEUS CONOSCO nos traz de volta ao convívio os memoráveis discípulos do Cristo, ligados desde priscas eras, cuja missão foi a da revivescência do Cristianismo puro e simples dos tempos apostólicos, no coração humilde e generoso das terras pacíficas do Brasil.

PELO ESPÍRITO EMMANUEL
PSICOGRAFIA DE FRANCISCO CÂNDIDO XAVIER
ORGANIZAÇÃO DE WANDA AMORIM JOVIANO E GERALDO LEMOS NETO

MILITARES NO ALÉM

Dentre os tesouros guardados por Wanda Amorim Joviano, MILITARES NO ALÉM, da lavra de Chico Xavier nos anos de 36 a 52, no mínimo surpreende pela atualidade das mensagens em torno da paz que a humanidade do século XXI tanto anseia. Fruto da sua ingente dedicação no desdobre das tarefas mediúnicas no culto do lar realizado durante muitos anos pelo *Grupo Doméstico Arthur Joviano*, na Fazenda Modelo, em Pedro Leopoldo | MG, esse livro relata, na perspectiva espiritual de muitos servidores da pátria, a realidade consoladora do *outro lado*, onde o trabalho pelo bem não cessa e a esperança é sentimento que inspira a vitória do amor preconizado por Jesus.

ESPÍRITOS DIVERSOS
PSICOGRAFIA DE FRANCISCO CÂNDIDO XAVIER
ORGANIZAÇÃO DE WANDA AMORIM JOVIANO

PÉROLAS DE SABEDORIA

Compulsados dos livros *Sementeira de luz* e *Deus conosco*, ambos organizados por Wanda Amorim Joviano, as frases e os textos apresentados no livro PÉROLAS DE SABEDORIA foram coletados e reunidos por Braz José Marques com o propósito de engrandecer o aprendizado de todos nós nos estudos evangélicos do dia a dia. As pérolas da Espiritualidade — aqui incrustadas na condição de joias valiosas — são fundamentais para o esclarecimento daqueles que delas se valerem, expositores ou não da Doutrina Espírita.

PELOS ESPÍRITOS EMMANUEL E NEIO LÚCIO
PSICOGRAFIA DE FRANCISCO CÂNDIDO XAVIER
ORGANIZAÇÃO DE BRAZ JOSÉ MARQUES

ILUMINURAS

ILUMINURAS é a primeira publicação de bolso da Vinha de Luz Editora. É composta de pensamentos e frases extraídos do livro *Deus conosco*, do venerável espírito Emmanuel, psicografado por Francisco Cândido Xavier nas décadas de 30 a 50, durante o culto cristão no lar do Dr. Rômulo Joviano, na Fazenda Modelo, em Pedro Leopoldo | MG. A riqueza dos ensinamentos evangélicos apresentados na obra fala por si só e atesta o amparo de nosso Senhor Jesus Cristo à divulgação da Doutrina Espírita, codificada pelo apóstolo Allan Kardec.

PELO ESPÍRITO EMMANUEL
PSICOGRAFIA DE FRANCISCO CÂNDIDO XAVIER
ORGANIZAÇÃO DE CEZAR CARNEIRO DE SOUZA

Leia também

SEMENTEIRA DE PAZ

Volume que dá sequência ao roteiro de revelações espirituais do espírito de Neio Lúcio, que em última romagem terrena envergou a personalidade de Arthur Joviano, pai de Dr. Rômulo Joviano, diretor da Fazenda Modelo em Pedro Leopoldo | MG, onde Chico Xavier trabalhou por largos anos. As mensagens nele contidas surgiram espontaneamente pela psicografia de Chico Xavier a partir de 1935, na residência da família Joviano, na própria Fazenda Modelo, durante o culto do Evangelho no lar do *Grupo Doméstico Arthur Joviano*, a que Chico prazerosamente se dirigia depois de findos os seus trabalhos diuturnos, dando a *Deus o que é de Deus* após dar a *César o que é de César*. Recebidas por Chico Xavier de 1946 a 1948, as mensagens de Neio Lúcio foram batizadas de SEMENTEIRA DE PAZ, sendo esse novo livro, organizado por Wanda Joviano, dedicado ao centenário de nascimento de Chico Xavier (1910-2010), o *medianeiro do amor*.

PELO ESPÍRITO NEIO LÚCIO
PSICOGRAFIA DE FRANCISCO CÂNDIDO XAVIER
ORGANIZAÇÃO DE WANDA AMORIM JOVIANO

COLHEITA DO BEM

A autoria desse livro pertence ao professor Arthur Joviano, o estimado benfeitor espiritual que todos nós conhecemos com o nome de Neio Lúcio, personagem do romance *50 anos depois*, de quem recebemos valiosos ensinamentos dirigidos ao espírito imortal que vai vencer a morte e transpor os séculos. Chico Xavier psicografou as mensagens do livro durante o culto do Evangelho no lar da família Joviano, na Fazenda Modelo em Pedro Leopoldo, onde trabalhava. No *Colheita do bem* estão as páginas recebidas nos anos de 1949 a 1952, sendo, portanto, as últimas psicografadas na Fazenda Modelo, uma vez que em 1952 a família Joviano transferiu definitivamente sua residência para a cidade do Rio de Janeiro. *Colheita do bem* finaliza a série iniciada com o livro *Sementeira de luz*, seguido pelo *Sementeira de paz* — formando uma verdadeira trilogia da luz, da paz e do bem maior, que a todos nos une no carreiro da evolução espiritual para Deus.

PELO ESPÍRITO NEIO LÚCIO
PSICOGRAFIA DE FRANCISCO CÂNDIDO XAVIER
ORGANIZAÇÃO DE WANDA AMORIM JOVIANO

Leia também

LUZ NA ESCOLA
CHICO XAVIER NA ESCOLA JESUS CRISTO
DE CAMPOS | RJ

Esse é um livro de Francisco Cândido Xavier, com mensagens psicografadas por ele durante visita de quatro dias à Escola Jesus Cristo, em Campos | RJ, em 1940. Contém comentários de seu organizador, Clóvis Tavares, testemunha ocular de todos os fenômenos ali ocorridos. Os textos desse volume representam uma reedição da sua primeira, pequena, única e esgotada edição, feita também em 1940, publicação de caráter doméstico da Escola Jesus Cristo, agora reeditada pela Vinha de Luz, que desempenha hoje um papel ímpar no resgate histórico da produção mediúnica de Chico Xavier.

ESPÍRITOS DIVERSOS
PSICOGRAFIA DE FRANCISCO CÂNDIDO XAVIER
ORGANIZAÇÃO DE CLÓVIS TAVARES E FLÁVIO MUSSA TAVARES

CHICO XAVIER — O PRIMEIRO LIVRO

Vinte anos antes de sua desencarnação, Chico Xavier revelou que sempre guardou no íntimo o desejo de publicar as belas produções mediúnicas que os amigos espirituais escreviam por seu intermédio, nos idos dos anos 20. Curiosamente, Chico confeccionava, com suas próprias mãos e com grande esforço, alguns exemplares com a finalidade de despertar os amigos para a possibilidade de um livro. Face à pobreza material com a qual vivia, ao médium restava a esperança de que algum desses amigos se interessasse pelo tema e, talvez, movimentasse os recursos necessários para uma publicação. De suas primeiras produções manuais, contendo, inclusive, a sua sensibilidade artística no desenho e na ilustração das mensagens, Chico conseguiu guardar durante toda a sua vida um único exemplar, que ao final de sua existência terrena entregou ao seu sobrinho-neto, Sérgio Luiz Ferreira Gonçalves, que no-lo apresentou para a devida divulgação. Esse é então, de fato e de direito, o primeiro livro de Chico Xavier, que a Vinha de Luz Editora da Casa de Chico Xavier de Pedro Leopoldo trouxe a lume, com a alegria de presentear o amado amigo Chico com a edição de seu *primeiro livro* no ano de 2010, ano de seu centenário de nascimento.

ESPÍRITOS DIVERSOS
PSICOGRAFIA DE FRANCISCO CÂNDIDO XAVIER
ORGANIZAÇÃO DE GERALDO LEMOS NETO E
SÉRGIO LUIZ FERREIRA GONÇALVES

Leia também

VIAJANTES
A ESPIRITUALIDADE ILUMINANDO SUA MENTE E SEU CORAÇÃO ATRAVÉS DE CHICO XAVIER

Primeiro audiolivro da Vinha de Luz Editora, esse CD reúne 20 mensagens de espíritos diversos, psicografadas por Chico Xavier ao longo de seus 75 anos de labor mediúnico. Com um sugestivo título-tema e trilha sonora de rara beleza, VIAJANTES, organizado e interpretado por Fernando Peron, é um incentivo ao estudo sério e aprofundado de tão extraordinário patrimônio filosófico, científico e religioso legado a nós pelas mãos operosas e abençoadas de Chico Xavier.

ESPÍRITOS DIVERSOS
PSICOGRAFIA DE FRANCISCO CÂNDIDO XAVIER
ORGANIZAÇÃO E INTERPRETAÇÃO DE FERNANDO PERON

LIÇÕES PARA ANGELITA

Quando Chico Xavier tinha apenas 20 anos, dois personagens importantes surgiram para marcar a sua vida: a menina Angelita e sua mãe extremosa. Esse livro contém 20 mensagens repletas de ensinamentos preciosos, repassados de mãe para filha, a partir do dia a dia que ambas vivenciam e também das perguntas que a menina faz sobre os mais diversos temas acerca da existência. São lições para todas as pessoas. A receita segura para a construção do homem de bem – meta que todos nós devemos buscar.

PELO ESPÍRITO JOÃO DE DEUS
PSICOGRAFIA DE FRANCISCO CÂNDIDO XAVIER
ORGANIZAÇÃO DE JOÃO MARCOS WEGUELIN

CHICO XAVIER
A AURORA DE UMA VIDA ENTRE O CÉU E A TERRA

As mensagens aqui apresentadas foram psicografadas por Chico Xavier e publicadas no jornal espírita "Aurora", dirigido por Inácio Bittencourt, entre julho de 1928 e abril de 1933. Nesses primeiros anos, Chico era ainda muito jovem, não sabia quem eram os espíritos que se comunicavam por meio dele, e era praticamente desconhecido fora das terras mineiras. A lucidez do jovem Chico Xavier ao comentar, ele mesmo, alguns trechos doutrinários sobre os postulados espíritas surpreende e seja em verso ou em prosa, sobre os mais variados temas, o leitor encontrará nesse livro preciosas lições de vida, ora nos ensinando a aceitar e a bendizer o sofrimento e as provas diárias, ora nos ensinando a viver uma vida verdadeiramente cristã e espírita, mostrando, por fim, quão breve é a existência terrena perante a eternidade do tempo.

ESPÍRITOS DIVERSOS
PSICOGRAFIA DE FRANCISCO CÂNDIDO XAVIER
ORGANIZAÇÃO DE JOÃO MARCOS WEGUELIN

Leia também

O VOO DA GARÇA
CHICO XAVIER EM PEDRO LEOPOLDO | 1910-1959

Esse trabalho histórico, do pesquisador pedroleopoldense Jhon Harley, que conviveu por 21 anos com Chico Xavier, é mais uma contribuição para compreender a figura humana do médium mineiro. Utilizando instrumentos e orientações do campo da História, principalmente no que diz respeito ao uso e à interpretação das fontes orais, escritas e iconográficas disponíveis, o autor transitou entre o acadêmico e o poético, fazendo uma analogia entre uma revoada de garças, ocorrida em 2 de abril de 1910, e a permanência de uma delas entre nós.

JHON HARLEY

CHICO XAVIER
O MÉDIUM DOS PÉS DESCALÇOS

Chico Xavier foi, durante toda a sua vida, a personificação do bem, do amor ao próximo e da humildade. Nesse livro, Carlos Baccelli relata casos pessoais em torno do médium mineiro e registra, por meio de cartas que agora torna públicas, sua amizade estreita com o maior representante do Espiritismo no Brasil e no mundo. O autor nos coloca em contato muito próximo com Chico Xavier. É como se estivéssemos frente à frente com ele, numa conversa intimista, repleta de ensinamentos. É quase uma conversa ao pé do ouvido — em que podemos sentir de novo, e mais uma vez, a sua insubstituível presença.

CARLOS ANTÔNIO BACCELLI

PEDRO LEOPOLDO VISTA POR
CHICO XAVIER — 1910 | 1959

49 ANOS DA PRESENÇA DO MAIOR
MÉDIUM DE TODOS OS TEMPOS

O que o menino, o jovem e o adulto Chico Xavier vislumbrou em seus primeiros anos de experiências humanas e durante o desabrochar de suas faculdades mediúnicas a serviço do Cristo e da Doutrina dos Espíritos? O que teria o seu cândido olhar registrado pela retina da convivência e da saudade? Esse livro reúne extenso material inédito sobre o maior médium de todos os tempos, com fotografias e documentos recuperados, classificados e arquivados pelo memorialista pedroleopoldense Geraldo Leão, do Arquivo Geraldo Leão, e por Geraldo Lemos Neto, da Casa de Chico Xavier, que retratam principalmente o ambiente socioeconômico e cultural de Pedro Leopoldo dentro do período em que Chico Xavier lá residiu, desde o berço, em 1910, até a sua mudança definitiva para Uberaba, em 1959.

GERALDO LEÃO | GERALDO LEMOS NETO

ISABEL
A MULHER QUE REINOU COM O CORAÇÃO

Dois dias após psicografar as primeiras das milhares de páginas através das quais o mundo espiritual se comunicou por seu intermédio, Chico Xavier manteve um revelador encontro com uma ilustre senhora que lhe mudaria o curso de vida. Era D. Isabel de Aragão, mais conhecida como Rainha Santa Isabel, a célebre rainha de Portugal, para sempre associada ao fenômeno da transformação do pão em rosas. Embora em circunstâncias e contextos distintos, ambos experimentaram o poder, a riqueza, a fama e a adoração, contudo, optaram por viver uma intensa vida interior feita de humildade, perdão, tolerância, paciência, compaixão e caridade como expressões do amor. Esse trabalho avança para além da vida de Isabel de Aragão, apresentando outras duas figuras históricas: Santa Isabel da Hungria e Isabel de Portugal, Duquesa da Borgonha. Colocadas as narrativas das vidas das três personagens lado a lado, emergem repetições e similitudes, nas quais encontramos a essência da reencarnação. Obviamente, caberá a cada leitor fazer o seu juízo de valor perante os fatos, porém, no conjunto das três, verificamos como uma personalidade se desenvolve e se amplia nas ações meritórias, exemplificando o progresso próprio e incessante pela condição moral que apresenta, pois sendo as almas iguais pela filiação são diferentes pela consciência espiritual que revelam. Segundo testificou o próprio Chico sobre D. Isabel de Aragão, *"ela é um dos gênios espirituais protetores da raça luso-brasileira em diversas partes do mundo para que os povos luso-brasileiros conservem a fraternidade cristã que Jesus nos legou"* (Adelino da Silveira, *Chico, de Francisco*, CEU).

MARIA JOSÉ CUNHA

CÉLIA LUCIUS, SANTA MARINA
SEMELHANÇAS ENTRE AS BIOGRAFIAS CATÓLICAS E O ROMANCE *50 ANOS DEPOIS* DE FRANCISCO CÂNDIDO XAVIER E EMMANUEL

CÉLIA LUCIUS, SANTA MARINA é a revivescência da vida daquela que Chico Xavier | Emmanuel descreveram no romance *50 anos depois* como *"o lírio que nasceu do lodo das paixões do mundo para perfumar a noite da vida terrestre"* e que a igreja católica canonizou no século V. Aqui, por meio do minucioso e irrefutável estudo biográfico realizado por Flávio Mussa Tavares, filho do saudoso Clóvis Tavares, de Campos | RJ, o leitor se deparará com diversos relatos sobre Célia, confirmando a veracidade da narrativa do médium mineiro nos idos dos anos 40, tal qual previra Emmanuel no prefácio da obra referenciada. Para os espíritas, a consolidação da interexistência de Chico no desdobramento do labor mediúnico a benefício da difusão da Doutrina e sua prática evangelizadora, exemplificando o amor e a humildade legitimamente cristãos. Para os demais, uma reflexão sobre as lutas transitórias da vida física e a realidade além-túmulo — a verdadeira vida de todos nós.

FLÁVIO MUSSA TAVARES

Leia também

ERA UMA VEZ PARA SEMPRE

Voltado à evangelização infanto-juvenil, esse livro é um compêndio de mensagens de graciosa narrativa, que enfeixa os ensinamentos do Cristo sob a ótica do Espiritismo, correlacionados a diversos assuntos de ordem espiritual e humana. Suas personagens principais — crianças sedentas de amor e de conhecimento — encantam pela perseverança no bem, sempre amparadas pela nobre e sábia Vovó Angel, que, como o próprio nome já diz, é um anjo do Senhor em suas vidas de aprendizado rumo à luz.

PELO ESPÍRITO BLANDINA
PSICOGRAFIA DE CARLOS MALAB

EVANGELHO PURO, PURO EVANGELHO
NA DIREÇÃO DO INFINITO

Seguidor inconteste da Boa Nova do Cristo, e espírita em sua mais pura essência filosófica, Martins Peralva deixou para os estudiosos da Doutrina textos de iluminada sabedoria e reflexão, que foram reunidos no livro *Evangelho puro, puro Evangelho — Na direção do Infinito*, organizado por Basílio Peralva, e que a Vinha de Luz Editora trouxe a lume numa homenagem ao centenário de nascimento do *médium do século*, Francisco Cândido Xavier (1910|2010). A obra, que congrega artigos publicados na imprensa de 1945 a 1999, é indispensável ao homem de boa vontade, abordando temas imprescindíveis a todos os corações que jornadeiam rumo ao progresso espiritual.

MARTINS PERALVA
ORGANIZAÇÃO DE BASÍLIO PERALVA

Leia também

RÉSTIA DE LUZ

Primeiro livro editado pela Vinha de Luz Editora, lançado por ocasião do bicentenário de Allan Kardec (1804|2004) e dos 140 anos da primeira edição de *O Evangelho Segundo o Espiritismo* (1864|2004). Traz mensagens recebidas de espíritos diversos, psicografadas pelo médium Geraldo Lemos Neto, que interpretam as lições de *O Evangelho Segundo o Espiritismo*, nos indicando os caminhos mais certos da vida no permanente convite de nosso Mestre e Senhor Jesus.

ESPÍRITOS DIVERSOS
PSICOGRAFIA DE GERALDO LEMOS NETO

IGNÁCIO DE ANTIOQUIA

Uma viagem ao tempo da simplicidade e da pureza do Cristianismo, em sua mais bela e genuína expressão. Obra mediúnica repleta de episódios históricos do Cristianismo primitivo, que resgata para a memória da humanidade a vida e a trajetória de um dos seguidores mais valorosos de nosso Senhor Jesus Cristo.

PELO ESPÍRITO THEOPHORUS
PSICOGRAFIA DE GERALDO LEMOS NETO

Departamento Editorial da Casa de Chico Xavier
Av. Álvares Cabral, 1777 — 20º andar — Sala 2006
Santo Agostinho | 30170-001 | Belo Horizonte | MG
(31) 2531-3200 | 2531-3300 | 3517-1573

www.vinhadeluz.com.br
informacoes@vinhadeluz.com.br

www.casadechicoxavier.com.br
informacoes@casadechicoxavier.com.br

Este livro foi composto em tipologia Verdana Regular, corpo 12,
predominantemente. Capa impressa em papel Supremo 300g
e miolo impresso em papel Couché fosco 115g.
Lis Gráfica e Editora Ltda. | Guarulhos | São Paulo

www.ingramcontent.com/pod-product-compliance
Lightning Source LLC
Chambersburg PA
CBHW081725120626
46550CB00010B/3256